위기관리총서 시리즈

09

비자살적 자해의 이해와 개입

현장에서의 위기개입매뉴얼

육성필
조윤정
임영진
지성미

박영story

비자살적 자해의 이해와 개입

일러두기

본 위기개입워크북과 매뉴얼에 제시되는 사례는 효과적인 교육과 훈련을 위해 집필진이 구성한 가상 사례이다.

On - Scene Crisis Intervention

현장에서의 위기개입

비자살적 자해의 이해와 개입

Ⅰ. 비자살적 자해행동의 이해

비자살적 자해의 이해와 개입

1. 비자살적 자해행동의 정의

Klonsky (2007)	자해는 순간적이고 격렬한 감정에 대한 긴장완화 및 신체 손상을 목적으로 자신의 신체에 의도적이고 반복적으로 해를 입히는 것

임상현장에서 자해행동에는 죽으려는 의도를 가지고 있는 경우와 그렇지 않은 경우 모두를 포함하는 경향

죽으려는 의도를 가진 자살시도(Suicide Attempt)
죽으려는 의도가 없는 비자살적 자해(Non Suicidal Self Injury: NSSI)

⇒ 구분의 필요성

1. 비자살적 자해행동의 정의

비자살적 자해 (NSSI)	• 일반적으로 스트레스 조절과 긴장이완 및 스트레스에 대한 적극적 대안 혹은 해결방법의 하나로 선택 • 삶을 끝내려는 것보다 심리적 고통, 정서적 불편감을 회피하기 위한 일종의 대처전략으로 선택

비자살적 자해: 부정적 정서 감소 → 이차적 이득의 경험 → 비자살적 자해행동의 반복과 지속 가능성

비자살적 자해: 부정적 정서 감소 → 자괴감, 자기혐오 → 비자살적 자해행동의 반복과 지속 가능성

1. 비자살적 자해행동의 정의

1) 비자살적 자해와 관련된 용어들

용어	NSSI와 유사점	NSSI와 차이점
self-mutilation (자기 절단)	NSSI와 같이 사용하기도 함	사지절단과 같은 정신장애와 관련된 자해를 포함하기도 함 : 좀 더 경멸적인 의미를 포함
deliberate self-harm (고의적 자해)	NSSI와 같이 사용되기도 함	경우에 따라 자살행동에 포함되기도 함
parasuicide (유사자살)	NSSI와 같이 사용되기도 함	대부분 자살행동을 포함
wrist cutting (손목긋기)	NSSI의 정의를 충족시키는 긋기를 포함	경우에 따라 손목긋기로 자살시도 한 경우를 포함한다. 잠재적인 많은 NSSI 행동 가운데 한 가지로 구분
self-abuse (자기학대)	NSSI와 같이 사용되기도 함	자기를 학대하는 것과 동일시하며, 적절하다거나 유용하다는 의미는 아님
self-inflicted violence (자의적 폭력)	NSSI와 같이 사용되기도 함	자살행동과 self-direct violence의 다른 형태를 포함

출처: E. David Klonsky, Jennifer J. Muehlenkamp, Stephen P. Lewis, Barent Walsh(2011)

1. 비자살적 자해행동의 정의

2) 비자살적 자해와 개념적으로 구분되는 행동들

(1) 섭식장애(eating disorder)

(2) 알코올과 약물 및 담배 남용(substance use disorder)

(3) 자학적 행동(masochistic act)

(4) 문신 혹은 피어싱

1. 비자살적 자해행동의 정의

3) 자살시도(suicide attempt)와 비자살적 자해(NSSI)

연속적 개념

- 약화된 자살행동으로 보는 관점
- 초점적 자살, 유사자살로 개념화(Skegg, 2005)
- 비자살적 자해행동 반복은 점진적으로 자기파괴의 두려움과 통증을 둔감화시켜 자살시도의 가능성을 높임(Joiner, 2005)
- 자살과 강한 상관관계를 가지고 있어 자살행동과 연결되어 있다는 개념

독립적 개념

- 비자살적 자해행동은 자살행동과 구별되는 독립적 개념이라고 보는 관점(Anderson et al., 2002; Klonsky et al., 2013)
- 자해를 하기 전, 자해 중 자살생각을 보고하지 않는다고 보는 관점(Klonsky, 2007)
- 행위적 동기, 행동 혹은 인지적 특성, 개입 방법 등에서 차별화

1. 비자살적 자해행동의 정의

3) 자살시도(suicide attempt) 비자살적 자해(NSSI)

		자살시도	비자살적 자해(NSSI)
의도		• 삶의 종결 • 참을 수 없는 심리적 고통에서 벗어나고자 함	• 심리적 고통으로부터 일시적인 도피 • 자기 및 상황의 변화 추구
방법의 치명성		높음	낮음
행동 빈도		(일반적으로 낮음1~3회)	• 높음 (때로는 100회 이상) • 만성적, 반복적
시도된 방법		단일한 방법	다양한 방법
인지적 상태		• 희망 없음, 무기력함 • 문제해결이 불가능함	• 고통스럽지만 희망은 있음 • 적응적 문제해결이 어려움
결과 및 영향	개인적	좌절, 실망감, 고통의 증가	안도감, 진정 효과, 고통의 일시적 감소
	대인관계적	타인의 돌봄, 관심	타인의 비난, 거절

출처: E. David Klonsky, Jennifer J. Muehlenkamp, Stephen P. Lewis, Barent Walsh(2011)

2. 비자살적 자해에 대한 이론적 모델

1) 심리적 모델(Psychological Model)

비자살적 자해 행동을 반복적으로 지속하게 하는 원인을 개인의 심리적 요인으로 보는 것

정서조절 곤란	자기비하
• 부정적 정서를 조절하기 위한 대처 행동 • 비자살적 자해를 통해 높은 각성 상태와 격렬한 부정적 감정 감소	• 비자살적 자해행동의 강력한 동기를 반영 • 자기비판, 낮은 자존감, 자기혐오 수준이 높음

정서조절 곤란과 자기비하가 공존할 때 비자살적 자해를 더 자주, 반복적으로 지속하게 함
(Klonsky & Muehlenkamp, 2007)

2. 비자살적 자해에 대한 이론적 모델

2) 사회적 모델(Social Model)

사회적 요인이 비자살적 자해의 원인, 유지 및 개입에 중요한 역할을 하는 것

사회적 지지의 부족	사회적 영향	사회적 기능
• 사회적 지지체계의 부족 • 사회적 문제해결의 부족 - 부정적 정서의 빈도와 강도 - 사회적 영향을 미치려는 수단	• 사회적 맥락, 환경에 대한 이해가 필요 • 모방, 학습	• 대인관계 갈등, 연대감상실 등 • 사회적·긍정적 영향 사회적·부정적 영향 (Nock & Prinstein, 2004) • 청소년 - 사회적 기능의 영향을 더 받음

2. 비자살적 자해에 대한 이론적 모델

3) 생물학적 모델(Biological Model)

생물학적 요인들이 비자살적 자해에 영향을 미친다는 것

내인성 마약류	세로토닌
• 비자살적 자해가 내인성 마약의 역할(Bresin & Gordon, 2013) • 비자살적 자해 후 엔도르핀 생성(Trevor & Juleen, 2013)	• 세로토닌 수준이 상대적으로 낮음(Favazza, 1996) • 청소년의 충동성을 설명

2. 비자살적 자해에 대한 이론적 모델

4) 심리역동적 모델(Psychodynamic Model)

비자살적 자해가 다양한 무의식, 부정적 충동성, 분열된 자아 기능에 의해 동기화 된다는 것

- 자기 자신에게 수용되지 않는 공격성으로 폭력적인 처벌을 하고자 하는 자학적 행위(Bennum, 1984)
- 수용되지 못하는 사고, 욕구, 숨겨진 성적충동을 표현하는 방법(Lane, 2002)
- 경계선적 성격장애와 관련한 부적응적 기능 형태로 개념화
- 강력한 원시적 방어기제(Kemberg, 1984)
- 심리적 어려움을 효과적으로 관리하지 못하고 분열되고 정체성의 혼란으로 개념화

2. 비자살적 자해에 대한 이론적 모델

5) 기능적 모델(Functional Model)

행동주의적 관점을 기반으로 하며 4가지 하위요인으로 설명

자동적 정적 강화 (automatic positive reinforcement)	자동적 부적 강화 (automatic negative reinforcement)	사회적 정적 강화 (social positive reinforcement)	사회적 부적 강화 (social negative reinforcement)

2. 비자살적 자해에 대한 이론적 모델

6) 경험회피 모델(The Experiential Avoidance Model)

원치 않는 정서적 각성을 피하거나 감소시키기 위해 비자살적 자해를 시도하게 된다는 것

- 정서적 자극을 유도하는 사건을 통해 정서적 반응이 일어나게 되고 높은 강도의 정서, 각성에 대한 조절의 어려움, 낮은 고통 내성, 정서조절 기술 부족 등을 비자살적 자해행동으로 해결(Chapman et al., 2006)
- 일시적으로 부정적 정서가 완화됨을 경험하게 되면 자해행동이 강화되어 습관화되고 반복적으로 지속하게 되는 것

2. 비자살적 자해에 대한 이론적 모델

7) 통합적 모델(Integrated Model)

비자살적 자해의 원거리 위험요인, 개인 내/외적 취약성, 스트레스 사건, 환경 등 통합적 요인이 비자살적 자해행동을 하게 한다는 것

- 비자살적 자해의 원거리 위험요인(아동기의 부정적 양육환경 등), 유전적 요인인 정서 강도, 성격 요인 등의 복합적 요인들을 통해 개별적이고 차별적인 자해행동을 하게 함(Larsen & Diener, 1987)

2. 비자살적 자해에 대한 이론적 모델

8) 통합적 모델의 수정된 버전

비자살적 자해의 원거리 위험요인을 유전적 요인과 환경적 요인으로 구분하고 아동기 학대와 생물학적 요인은 상호적으로 영향을 비친다는 것

- Nock(2009)의 통합적 모델을 보완하여 수정된 모델을 제안(Jacobson & Batejan, 2014)
- 지속적 학대는 신경전달물질의 기능을 포함한 생물학적 변화를 일으켜 개인 내적 취약성을 증가시키고 아동기의 높은 정서적 반응성이 비자살적 자해를 하게 될 가능성을 증가시킴
- 아동기의 분리 및 상실 경험을 포함

3. 비자살적 자해의 진단기준

비자살적 자해(NSSI)에 대해 DSM-5의 「후속연구를 위한 조건(Conditions for Further Study)」에서 자살행동장애(Suicidal Behavior Disorder)와 구별하여 비자살적 자해의 진단기준(American Psychiatric Association, 2013) 6가지를 제시

기준 A 지난 1년간 5일 또는 그 이상 신체표면에 고의적으로 출혈, 상처, 고통을 유발하는 행동을 스스로에게 가함. 단지 경도 또는 중등도의 신체적 손상을 유발할 수 있는 행동(즉, 자살의도 없음)

기준 B 한 가지 또는 그 이상의 기대를 하고 자해행동을 시도

(1) 부정적 느낌 또는 인지상태로부터 안도감을 얻기 위해

(2) 대인관계 어려움을 해결하기 위해

(3) 긍정적인 기분 상태를 유도하기 위해

3. 비자살적 자해의 진단기준

기준 C 다음 중 최소한 한 가지와 관련된 고의적인 자해행동 시도

(1) 우울, 불안, 긴장, 분노, 일반화된 고통, 자기비하와 같은 대인관계 어려움이나 부정적 느낌 또는 생각이 자해행위 직전에 일어남

(2) 자해행위에 앞서 의도한 행동에 몰두하는 기간이 있고, 이를 통제하기 어려움

(3) 자해행위를 하지 않을 때도 자해에 대한 생각이 빈번하게 일어남

기준 D 자해행동은 사회적으로 용인되는 것(피어싱, 문신, 종교적 또는 문화적 의례 등)이 아니며, 딱지를 뜯거나 손톱을 물어뜯는 것에 국한되지 않음

3. 비자살적 자해의 진단기준

기준 E 행동 또는 그 결과는 대인관계, 학업 또는 다른 중요한 기능 영역에서 임상적으로 현저한 고통이나 방해를 초래함

기준 F

- 정신병적 삽화, 섬망, 물질 중독 또는 물질 금단 기간에만 일어나는 것이 아님
- 신경발달장애가 있는 개인에게서 반복적인 상동증상의 일부로 나타나는 것이 아님
- 다른 정신질환이나 의학적 상태로 더 잘 설명되지 않음(정신병적 장애, 자폐 스펙트럼 장애, 레쉬-니한 증후군, 자해를 동반하는 상동증적 운동장애, 발모광(털뽑기 장애), 피부 뜯기 장애 등)

4. 비자살적 자해의 역학

유병률

- 12~14세에서 20세 전
- 유병률: 12~38%
- 청소년 10~15% 한 번 이상의 자해행동
- 성인 약 4%
- 임상표본: 높은 유병률 보고
- 통계상 수치보다 잠재적 수치가 높은 경향

연령

- 청소년기, 초기 성인기
- 13세 전후로 시작
- 16세부터 24세 사이에 가장 흔함

성별

- 여성 〉 남성
- 여성: 격렬한 분노, 심리적 고통
- 남성: 자기처벌적 이유(Nixon & Aggarwal, 2002)

방법

- 베기, 때리기, 긁기, 물기, 상처치료 지연하기 등
- 여성청소년: 할퀴기, 커터칼로 긋기
- 남성청소년: 불로 지지기 등 여성청소년보다 치명적 방법 사용
- 최소 한 가지에서 최대 여섯 가지 방법 사용

5. 비자살적 자해의 특성

비자살적 자해는 자살 의도의 부재, 직접성, 반복성, 충동성의 특성을 가짐

자살 의도 부재

직접성

반복성

충동성

6. 비자살적 자해의 원인 및 동기

비자살적 자해 행동에는 개별적으로 원인 및 동기가 존재

학습효과

- 또래집단 혹은 SNS 상에서 학습
- 비자살적 행동을 통해 이차적 이득을 얻게 되는 경우 행동의 강화를 통해 유지, 지속

전략적 대처

- 스트레스 상황에서 대처방법으로 선택
- 적절한 대처 전략이 부족한 경우 선택
- 직접적이고 즉각적인 대안

6. 비자살적 자해의 원인 및 동기

감정조절

- 부정적이고 압도되는 감정, 정서를 감소시키는 방법
- 부정적인 정서에서 벗어나기 위한 수단
- 청소년의 경우 긴장이완이나 부정적 정서를 회피하기 위한 방법으로 선택

감각추구

- 정신적 외상 혹은 자기정체감 부족을 위해 극단적 자극을 경험하기 위한 방법
- 무감각하고 혼란을 경험할 때 깨어 있는 느낌을 느끼기 위한 방법

6. 비자살적 자해의 원인 및 동기

통제감 획득

- 무력감, 자책감, 자신이 통제할 수 있는 것이 없다는 생각으로 자신의 신체에 자해하는 방법을 선택

의사소통 방법

- 자신의 생각, 감정 표현의 적절한 방법을 모르는 경우 선택

6. 비자살적 자해의 원인 및 동기

자기처벌

- 비난, 자신에 대한 무가치함, 죄책감, 수치심에 대해 자신을 처벌하려 선택

정신의학적 상태

- 해리, 감정표현 불능증, 정신적 회상, 섭식장애, 우울장애, 불안장애, 물질남용, 외상 후 스트레스장애, 경계선 성격장애 등의 정신과적 장애와 관련

Ⅱ. 비자살적 자해의 위기관리 : 평가, 분류, 개입

1. 비자살적 자해의 위험성 평가

비자살적 자해의 위험성 평가방법에는 직접적 평가와 간접적 평가방법이 있음

- 직접적 평가: 과거력, 맥락, 기능, 자살경향성, 위험요인 및 보호요인, 그 외 18가지 항목 등 평가
- 간접적 평가: 척도 혹은 반구조화된 면담지 사용

1. 비자살적 자해의 위험성 평가

직접적 평가

1) 비자살적 자해의 과거력
2) 맥락적 요인들: 환경적 요인, 인지적 요인, 정서적 요인, 생물학적 요인
3) 기능적 요인들: 개인 내적/자동적 요인, 대인관계/사회적 요인, 자해행동 질문
4) 자살경향성
5) 위험요인: 불안정한 양육환경, 정서조절 어려움, 부정적 자아상/자기비하, 정신의학적 상태, 심리사회적 요인
6) 보호요인: 상처에 대한 지각, 삶의 목표, 자기의 회복, 사회적 지지
7) 비자살적 자해의 평가항목

2. 비자살적 자해의 경고신호와 위험지표들

자살의 경고신호와 비자살적 자해(NSSI)의 지표들

자살의 일반적인 경고신호	비자살적 자해(NSSI)의 지표들
Ideation(자살생각)	NSSI 강도 증가 - 의도보다 심한 자해, 더 심한 조직 손상
Substance use(약물남용)	NSSI 빈도 증가 - 특히, 절단(cutting)
Purposelessness(무망감)	삶의 즐거움 감소 - 삶의 이유가 적어짐
Anxiety(불안)	부정적인 내적 상태(인지적, 정서적)를 참는 능력 감소함
Trapped(덫에 걸린 듯한)	NSSI 효과 상실 - NSSI가 잘 작동하지 않는다고 보고함
Hopelessness(절망감)	절망감 증가 - 미래의 좁은 시야, 목표를 찾는 데 어려움 느낌
Withdrawal(고립)	무감각 증가, 부정적 자기평가 증가
Anger(분노)	강한 자기혐오, 신체혐오, 격렬한 분노 경험
Recklessness(무모함)	자살과 통증의 공포 감소 - 위험행동 증가
Mood change(감정 기복)	NSSI 행동 증가 - 방법의 변화 또는 중독, 특히 약물

출처: The American Association of Suicidology's IS PATH WARM General Signs Warning Signs of Suicide. www. suicidology.org

3. 비자살적 자해의 위험성 평가 도구

간접적 평가

1) Omnibus Measures(두 가지 이상의 측정도구를 통합한 것)

(1)자해생각과 행동 면담(Self-Injurious Thoughts and Behaviors Interview: SITBI)

(2)자해 면담(Suicide Attempt Self-Injury Interview: SASII)

(3)자살행동척도(Suicidal Behaviors Questionnaire: SBQ)

3. 비자살적 자해의 위험성 평가 도구

간접적 평가

2) 기능적 평가

(1)자해에 대한 진술척도(Inventory of Statements About Self-Injury: ISAS)

(2)자기절단의 기능적 평가(The Functional Assessment of Self-Mutilation: FASM)

(3)자해이유설문지(Self-Harm Reasons Questionnaire: SHRQ)

3. 비자살적 자해의 위험성 평가 도구

간접적 평가

3) 행동적 평가

고의적 자해 척도(The Deliberate Self-Harm Inventory: DSHI)

4. 비자살적 자해의 위험성수준 분류와 개입

1) 경도 수준

- NSSI 한 번 혹은 두 번 정도
- 임상집단에서 평생 3~4회에서 10회 이하의 시도
- 사회적 혹은 경험적 기능 약화
- 자해 정도가 의학적 치명성 낮음
- 정서적 고통 낮음
- 입술 깨물기, 고의로 자신을 때리거나 신체 일부를 사물이나 벽에 부딪침
- 치료를 지연함으로써 상처가 아물지 않도록 하거나, 질병에 대한 치료를 거부함
- 자살생각 없음
- 임상적 장애 없음
- 주위의 지속적인 지지와 관심
- 상담을 필요로 할 수 있음

출처: E. David Klonsky, Jennifer J. Muehlenkamp, Stephen P. Lewis, Barent Walsh(2011)

4. 비자살적 자해의 위험성수준 분류와 개입

2) 중등도 수준

- NSSI 한 번 혹은 두 번 이상
- 임상집단에서 최근 1년간 50회 이상의 평균 빈도
- 다양한 도구와 방법 사용(칼이나 날카로운 물체 등을 사용해 팔, 다리, 복부 등 신체부위를 찌르거나 긋기, 핀이나 작고 날카로운 물체 등을 피부 속에 삽입, 불로 피부를 지지거나 화상을 입힘 등)
- 정서조절이나 자기 처벌과 같은 개인내적 이유
- 혼자 있을 때 정서적 고통 호소
- 자살생각은 있으나 구체적인 자살계획이나 의도는 없음
- 임상적으로 유의미한 상태를 수반
- 외래치료 혹은 입원치료 의뢰

출처: E. David Klonsky, Jennifer J. Muehlenkamp, Stephen P. Lewis, Barent Walsh(2011)

4. 비자살적 자해의 위험성수준 분류와 개입

3) 심각한 수준: 즉각적 입원치료 의뢰

- NSSI 생각/시행 높음
- 의학적 심각성 높음
- 임상집단에서 지속적 빈도
- 반복적, 지속적, 빈도가 매우 높음
- 자해 정도가 치명성 수준이 높고, 장애 혹은 사망의 위험 있음
- 다양한 도구와 방법 사용
- 자살위험성 수준이 매우 높음
- 정신장애를 수반하여 심각한 손상이 있음
- 즉각적 개입 및 입원치료 의뢰

출처: E. David Klonsky, Jennifer J. Muehlenkamp, Stephen P. Lewis, Barent Walsh(2011)

Ⅲ. 위기개입자의 역할과 태도

1. 비자살적 자해의 위기관리

- 신체적 안전 확보가 우선되어야 함
- 의료적 치료 개입의 필요성

⇒ 위기개입자와 위기 대상자 간의 라포(rapport) 형성을 위해서는 대상자의 심리적 고통을 판단 없이, 수용적 태도로 이해하는 것이 전제되어야 함

비자살적 자해의 이해와 개입

2. 비자살적 자해의 자살위험성 관리

- 자살행동과의 상관관계가 높고, 자살위험을 증가시킨다는 인식을 가져야 함 (Klonsky & Olino, 2008; Whitlock et al., 2007)
- 비자살적 자해 위기에 처한 대상자의 경우 자살위험성 평가를 실시해야 하며, 자살경향성이 나타나는 경우 자살위험성 수준에 따른 돌봄 규정에 따라야 함 (Mckeon, 2009; 육성필, 조윤정, 2019)

⇒ 위기개입자는 전문적 지식과 훈련이 필요함(Jobes, 2006)

3. 비자살적 자해에 대한 개입의 기본적 태도와 지침

- 위기 반응을 관리하라
- 논쟁을 피하라
- 라포를 형성하라
- 저항을 인정하라
- 즉각적 중단 요청을 하지 마라
- 자기효능감을 지지하라
- 비밀유지의 한계를 이해하라
- 불일치를 인식하게 하라
- 공감을 표시하라
- 전문성을 키워라

4. 비자살적 자해의 위기개입 기법들

1) 기능적 측면의 개입

1. 전략적 대처의 기능으로 비자살적 자해를 하는 경우
2. 감정 조절의 기능으로 비자살적 자해를 하는 경우
3. 감각추구를 위한 기능으로 비자살적 자해를 하는 경우
4. 자기통제감 획득을 위해 비자살적 자해를 하는 경우
5. 의사소통의 기능으로 비자살적 자해를 하는 경우
6. 자기처벌의 기능으로 비자살적 자해를 하는 경우

4. 비자살적 자해의 위기개입 기법들

2) 정서조절 측면의 개입

1. 감정의 기본적인 수준과 특성 교육
2. 적응적 가치와 정서적 기능 교육
3. 감정적 취약성을 감소시키는 교육
4. 부정적 감정을 수용하고 참는 능력을 증진하는 교육
5. 감정적 고통과 이차적 감정으로부터 기인하는 고통과 감정적 회피를 구별할 수 있는 교육
6. 즐거운 감정의 지각을 증가시키는 교육

4. 비자살적 자해의 위기개입 기법들

3) 문제해결 측면의 개입

1. 문제 확인
2. 원하는 목표 정하기
3. 해결방법을 위한 브레인스토밍
4. 해결방법에 대한 평가
5. 시행
6. 선택한 방법의 성공 평가

4. 비자살적 자해의 위기개입 기법들

4) 대인관계 기술 측면의 개입

1 변증법적 행동치료(DBT)

- 관점을 이야기하는 방법
- 비판단적인 태도로 이야기하는 방법
- '나' 전달법

4. 비자살적 자해의 위기개입 기법들

5) 4D 기법

1. 지연하기(Delay)
2. 주의분산하기(Distract)
3. 전환하기(Divert)
4. 진정하기(Defuse)

5. 추수개입

- 비자살적 자해는 행동의 변화가 있어야 함
- 행동의 변화는 반복적인 훈련과 심리적 변화가 병행되어야 함
- 인내심과 시간, 노력이 필요함
- 위기개입 후 행동의 변화가 유지되는 것은 어려움
- 유지의 실패는 비자살적 자해행동을 반복하게 함
- 수치심, 자기비판, 좌절감 등의 부정적 정서경험은 비자살적 자해행동을 다시 유발하게 함

⇒ 위기개입에서 추수개입이 포함되어야 함

Ⅳ. 비자살적 자해 위기개입의 실제

1. 4D 기법을 활용한 비자살적 자해의 위기개입

4D 기법을 활용한 비자살적 자해의 위기개입 과정

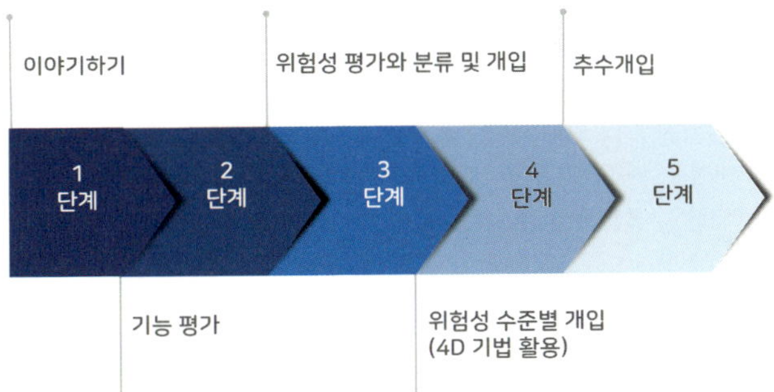

1. 4D 기법을 활용한 비자살적 자해의 위기개입

1단계: 이야기하기

- 자해행동에 대해 편견을 가지지 않도록 한다
- 조언이나 판단을 하지 않는다
- 개입 첫 단계에서 자해행동 중지를 요구하는 것은 지양한다
- 자해행동 이면의 마음을 읽어 주려고 노력해야 한다
- 비판단적으로 이해하려는 마음이 자해행동을 하려는 사람에게 전달되어야 한다

1. 4D 기법을 활용한 비자살적 자해의 위기개입

2단계: 기능 평가하기

- 자해행동의 기능을 탐색해야 한다
- 검사보다는 이야기를 통해 자해행동의 기능을 찾아내는 것이 유용하다
- 질문지를 가지고 하는 것보다 이야기하는 과정에서 자연스럽게 질문하는 것이 더 많은 이야기 소재를 유도할 수 있다
- 자해행동을 한 사람과 연대감을 형성하는 데 많은 도움을 받을 수 있다

1. 4D 기법을 활용한 비자살적 자해의 위기개입

3단계: 위험성 평가와 분류 및 개입

- 위험성 평가에 따라 적절한 개입이 추가적으로 시행되어야 한다
- 위험성수준을 세 단계로 구분했지만 위기개입 현장의 현실적 문제와 특성에 따라 융통성을 발휘할 수 있다
- 건강하지 못하고 부적응적인 자해행동 대신 대체할 수 있는 행동을 소개한다
- 구체적이고 실현 가능하며 대상자가 할 수 있는 대안들을 수행하도록 격려하고 지지한다

4단계: 위험성 수준별 개입(4D기법 활용)

5단계: 추수개입

2. SAFER-R MODEL을 활용한 비자살적 자해 위기개입

SAFER-R MODEL을 활용한 비자살적 자해 위기개입 과정

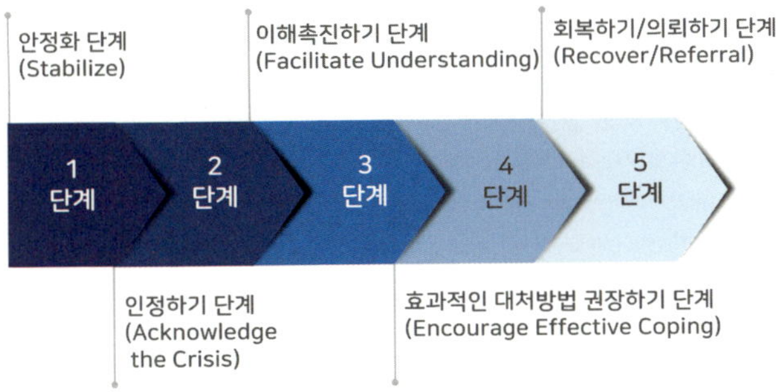

2. SAFER-R MODEL을 활용한 비자살적 자해 위기개입

1단계: 안정화(Stabilization)

Stabilization of the situation

- 정말 어려워 보이시네요. 뭘 좀 도와드리면 좋을까요?
- 제가 지금 어떻게 하는 것이 도움이 될까요?
- 지금 당장 필요한 것이 무엇인가요?
- 많이 힘들어 보이시네요. 제가 어떻게 하면 도움이 될까요?

2. SAFER-R MODEL을 활용한 비자살적 자해 위기개입

2단계: 위기 인정하기(Acknowledgement)

Acknowledgement of the crisis

이야기 듣기, 위험성 평가, 현재기능 평가

- 무슨 일이 있었는지 이야기해줄 수 있을까요?
- 그 일에 대해서 이야기 해주시겠어요?
- 지금은 좀 어떠세요?
- 그것 때문에 제일 힘든 점은 어떤 것인가요?
- 그 일 이후로 특별히 불편한 것이 있나요?

2. SAFER-R MODEL을 활용한 비자살적 자해 위기개입

3단계: 이해 촉진하기(Facilitation of Understanding)

Facilitation of understanding
- 위기에 처한 사람이 인지적인 영역으로 돌아오도록 도와주기
- 위기에 처한 사람의 극단적인 스트레스 사건에 대한 반응이 정상적인 반응이라는 것을 알도록 도와주기
- 공감능력을 발휘하고 정서적 안정을 취하도록 도와주기
- 모르는 것은 모른다고 인정하고 슈퍼바이저나 관련 기관에 질문하여 도움을 제공하기

2. SAFER-R MODEL을 활용한 비자살적 자해 위기개입

4단계: 효과적인 대처 권장하기(Encourage Effective Coping)

Encourage adaptive coping

욕구 및 자원 파악, 대처방법 및 대안 탐색

- 호소문제에 대한 교육
- 심리정서적인 감정해소
- 사회적인 지지
- 기본적인 욕구충족
- 스트레스 관리전략
- 인지적인 재구조화
- 희망감 고취
- 외부지지와 대처자원 연결

2. SAFER-R MODEL을 활용한 비자살적 자해 위기개입

5단계: 회복하기/의뢰하기(Recovery/Referral)

- 적응적이고 독립적인 기능 회복
- (필요한 도움으로) 연계
- 당사자에게 충분히 설명하고 관련 기관에 대한 정보를 구두 혹은 문서로 제공해야 한다
- 관련 기관의 담당자에게 직접 연계한다
- 지속적 관리를 위해 추후개입을 할 수 있다는 것을 알린다

감사합니다

비자살적 자해의 이해와 개입

부록

현장에서의 위기개입의 실제

4D 기법을 활용한 비자살적 자해 위기개입의 실제

22세 ㅇㅇㅇ(남)은 어린 시절 아버지에게 신체적 폭력을 당하며 성장했다. 아버지가 화가 나거나 술을 마시고 오는 날은 여지없이 맞곤 했다. 청소년기에 분노와 모멸감, 수치심, 극도의 불안 등은 ㅇㅇㅇ을 괴롭혔다. 집중력이 떨어지고 의사결정이 어렵게 되면서 성적도 곤두박질치게 되었다. 청소년기에 들어서면서 불안이 심해지고 분노와 극도의 감정이 일어나면서 공격성이 나타나기 시작했다. 처음엔 주먹으로 벽을 치는 자해행동으로 손에 상처가 가시질 않았다. 어떤 때는 커터칼로 심하게 그어 병원으로 실려 가기도 했다.

그러나 다행히 엄마의 보호와 지지가 있었고 어릴 때부터 친한 친구들의 애정 어린 관심이 있어 버틸 수 있었으며, 대학에 진학하면서 집에서 나와 자취를 시작하여 심리적 안정을 찾아갈 수 있었다. 그런데, 군대를 가야 할 시점이 되면서 불안이 심해지기 시작했다. 군대 가면 맞기도 한다는 이야기를 듣는 게 ㅇㅇㅇ에겐 재미있는 에피소드가 아니라 공포로 다가왔다. 최근 어린 시절 아버지에게 맞았던 기억이 떠나지 않았고, 수면이나 학업에 문제가 생기기 시작했다. 대학에 들어오면서 자해행동이 사라졌다가 최근 영장이 나오면서 다시 시작되었다. 팔목을 커터칼로 긋고 피를 흘려야만 일시적 안정을 찾는 것이 가능해졌고 이러한 행동을 자주 하게 되었다. 친구들이 그 사실을 알게 되어 위기개입자에게 연락하게 되었다.

▶ **위기개입자:** 안녕하세요? 저는 △△△센터 위기개입자 □□□입니다. 오늘 저는 ○○○씨가 심적으로 매우 힘들다는 이야기를 들었습니다. 오늘 나누는 대화는 전적으로 비밀에 부칠 겁니다. 다만 자살, 타살, 법적인 문제와 관련된 것은 ○○○의 안전을 위해 비밀로 하기가 어렵습니다. 먼저 ○○○의 최근 경험하고 있는 어려움을 이야기해보시겠어요?

▷ **자해위기에 처한 사람:** 아, 전 사실 도움이 필요 없는데….

▶ **위기개입자:** 천천히 이야기만 나누시면 됩니다. 마음 편하게요. 전 ○○○씨의 이야기를 듣고 도움을 드리고 싶습니다. 남에게 이야기하기 힘들었던 이야기를 털어놓으면 마음이 편해지실 겁니다. 믿어보세요. 최근에 가장 힘든 게 어떤 건가요?

▷ 자해위기에 처한 사람: 사실은 군입대 영장이 나오면서 극도로 불안해지기 시작한 것 같아요. 군입대와 관련된 불안과 공포를 피하고 싶고 감정조절이 잘 안 돼요.

▶ **위기개입자:** 아, 최근에 영장이 나오면서 다시 자해를 하기 시작하신 거네요. 군대에 입대하게 된다면 어떤 점이 그렇게 불안해지고 공포감을 느끼게 하던가요?

▷ **자해위기에 처한 사람:** 맞는 거요. 군대 다녀온 선배나 친구들이 다 그래요. 가면 맞는다고. 전 집중도 잘 못하고 어떤 건 기억이 잘 나지 않을 때도 있어서 친구들이 많이 맞을 거라고 농담 반 진담 반으로 이야기하는데 그게 웃기지 않고 무서워요. 진짜. 맞는 이

야기를 하면 아버지가 떠오르고 막 화가 나기 시작하거든요.

▸ **위기개입자:** 옛날 기억이 나서 괴로우시겠어요. 그런 이야기를 들으면 당연히 두렵죠. 아버지로부터 맞았던 기억이 잊히지 않고 많은 상처로 남았을 것 같네요. 아버지에 대해 이야기하고 싶으면 하셔도 됩니다. 편하게 하세요. 이야기를 하는 건 ○○○씨에게 많은 도움이 됩니다.

▹ **자해위기에 처한 사람:** 사실은 제가 어릴 때 아버지에게 많이 맞았어요. 심하게요…. 그래서 맞거나 때리는 게 너무 싫어요. 싫은 게 아니라 공포스러워요. 맞을까 봐 늘 불안했고, 어떤 날은 먼저 맞는 게 편할 때도 있었어요. 군대에 가서 누가 날 때린다면 아마 견디지 못할 것 같아요. 대학 들어와서 독립하면서는 심리적으로 정말 안정이 되었거든요. 자해도 하지 않았어요.

▸ **위기개입자:** 그렇겠네요. 어릴 때의 나쁜 기억이 떠오르겠어요. 불안하고. 그럼 이전에 자해를 했었나봐요?

▹ **자해위기에 처한 사람:** 네. 사실 많이 했어요. 손목을 너무 많이 그어서 병원에 간 적도 있어요. 불안해지고 분노가 생기면 더 그랬던 것 같아요.

▸ **위기개입자:** 매번 그러진 않았을 텐데, 어떨 때 자해행동을 좀 참을 수 있었어요?

▹ **자해위기에 처한 사람:** 친한 친구들이 있었는데, 다행히 친구들에게 전화를 해서 친구들이 전화를 받아주면 만나거나 전화로 이야기하곤 했어요. 최근엔 그 친구들이 바쁘기도 하고 군대에 가 있어서 연락이 잘 안되죠. 그래서 혼자 자해를 하게 된 것 같아요.

▸ **위기개입자:** 네. 불안하거나 감정이 조절되지 않아서 힘들 때 자해욕구가 심하게 생기는 거네요. 그런데, 누군가에게 이야기라도 하게 되면 자해행동을 통제할 수 있구요. 그런가요?

▹ **자해위기에 처한 사람:** 네. 그런 것 같아요.

▶ **위기개입자:** 최근에 감정 조절이 안 되어 자해행동을 하는 경우 얼마나 자주, 어떤 방법으로 하는지 이야기해보실래요? 또 자해행동 후에 기분이 어떤가요?

▷ **자해위기에 처한 사람:** 음…. 최근엔 2~3일에 한 번씩 하는 것 같고, 요즘은 주로 손목을 커터칼로 막 그어요. 피가 날 정도로. 참아지지가 않아요. 피를 보고 나면 마음이 좀 안정되는 것 같아요. 전 아버지한테 매일 비난받고 많이 맞아서 그런지 내가 너무 쓸모없게 느껴지고 모든 게 제 탓 같아요. 다들 가는 군대인데 나만 이러는 것 같아 한심하기도 하면서 내가 너무 싫어요.

▶ **위기개입자:** 마음이 힘들고 자해행동이 심해지는 것 같은데, 혹시 최근에 자살생각을 해본 적이 있나요?

▷ **자해위기에 처한 사람:** 가끔 하기도 해요. 이렇게 죽으면 좋겠다. 피가 멈추지 않고 조용히 죽었음 좋겠다 뭐 그런 생각을 하긴 해요.

▶ **위기개입자:** 계획을 세워본 적이 있나요?

▷ **자해위기에 처한 사람:** 아니요. 그냥 손목에서 피가 날 때 그런 생각을 하긴 하지만 구체적으로 생각해본 적은 없는 것 같아요.

▶ **위기개입자:** 네. 마음이 얼마나 힘들면 그런 생각까지 해봤겠어요. 많이 힘드실 것 같네요. 그런데, 아까 이야기 중에 친구들과 이야기하면 자해욕구가 많이 가라앉는다고 하셨는데, 그게 제일 좋은 방법이지만, 지금처럼 친구들이 도와줄 수 없을 때 어떻게 하면 자해욕구를 통제할 수 있을 것 같으세요?

▷ **자해위기에 처한 사람:** 음. 글쎄요. 생각해보지 않은 것 같아요. 별다른 방법이 떠오르지 않는데요.

▶ **위기개입자:** 상황이나 감정에 압도되면 그런 방법들이 잘 생각나지 않아요. 자연스러운 거예요. 그럼 저와 같이 감정적으로 압도될 때 당장 할 수 있는 대안들을 만들어보는 건 어떠세요?

▷ **자해위기에 처한 사람:** 네. 그러네요. 다른 방법들을 생각해보려고

하지 않았던 것 같아요.

▸ **위기개입자:** 그럼요. 그런 상황에선 그럴 수 있어요. 지금부터라도 생각해보시면 돼요. 먼저 감정이 격해질 때 ○○○씨가 할 수 있는 건 뭐가 있을까요?

▹ **자해위기에 처한 사람:** 음. 창문을 일단 열 수 있을 것 같아요. 왜냐하면 막 숨쉬기가 어려워지곤 하거든요. 그래서 책상 위에 있는 커터칼부터 찾게 돼요.

▸ **위기개입자:** 네. 맞아요. 앞에 도구가 있으면 가장 쉽게 접근하기도 하죠. 일단 커터칼을 치우시면 좋겠어요. 할 수 있겠죠? 숨이 찬다고 하셨고 창문을 열어볼 수 있을 것 같다고 했으니까 가장 먼저 창문을 여는 방법을 가지고 있어봐요. 제가 도움을 하나 드릴 수 있을 것 같아요. 제가 복식호흡을 가르쳐 드릴 테니까 창문을 열고 나서 복식호흡을 천천히 5번만 해보세요. 많은 도움이 되실 거예요. 또 다른 방법은 뭐가 있을까요?

▹ **자해위기에 처한 사람:** 아, 답답해서 그런지 밖에 나가서 돌아다니면 좀 나아지기도 했었는데…. 그리고 밖으로 나가 조깅하는 것도 좋았던 것 같네요.

▸ **위기개입자:** 그래도 ○○○씨는 좋은 대처방안들을 많이 가지고 계시네요. 최근엔 너무 감정적으로 압도되고 힘들어져서 이런 방법들이 생각나지 않았던 것 같아요. 그럼 제일 먼저 창문을 열고 복식호흡 5번 정도를 천천히 해보고, 그래도 자해충동이 가라앉지 않으면 밖으로 나가거나 조깅을 일단 해볼까요?

▹ **자해위기에 처한 사람:** 네. 그 정도는 해볼 수 있을 것 같은데. 한번 해볼게요.

▸ **위기개입자:** 좋아요. 이 두 가지 말고도 현실적으로 ○○○씨가 할 수 있는 대안들을 많이 마련하시면 좋아요. 스트레스 상황에서는 뭔가를 기억하는 게 쉽지 않거든요. 다음 주에 자해충동이 들

때 ○○○씨가 말한 방법으로 한 번 해보고 나서 대안을 좀 더 만들어보죠. 어때요?

▷ **자해위기에 처한 사람**: 네. 해볼게요. 저라고 자해가 좋기만 한 건 아니에요. 하고 나면 당장은 시원한 것 같은 생각이 들지만 다음 날 상처를 보고 나면 너무 자괴감이 들고 제 자신이 혐오스럽고 우울해지거든요. 그런데 감정적으로 격해지면 어떻게 해야 할지 아무 생각이 나질 않아요.

▶ **위기개입자**: 그럼요. 당연해요. 그래서 이런 대안들을 목록화해서 책상 위나 눈에 띄는 곳에다가 붙여놓는 것도 방법이 될 수 있어요.

▷ **자해위기에 처한 사람**: 그렇게 해볼게요.

▶ **위기개입자**: 자, 그럼 다음에 볼 때 어떤 변화가 있는지 솔직히 이야기 해주세요. 전 3번 정도 ○○○씨와 만날 수 있을 것 같은데, 그때까지 간단한 방법을 실시해보는 걸로 해요. 이야기하시느라 너무 힘드셨겠어요. 처음 저와 이야기를 시작할 때가 감정적으로 힘든 점수를 10점이라고 하면 지금은 몇 점 정도인가요?

▷ **자해위기에 처한 사람**: 정말 이야기를 많이 하고 나니 감정이 많이 가라앉은 것 같아요. 지금은 3점 정도? 자해충동이 거의 없는데요.

▶ **위기개입자**: 네. 다행이네요. 그러나 스트레스 상황에선 다시 자해 욕구가 생길 수 있어요. 너무 급하게 그러실 건 없어요. 천천히 하세요. 그게 또 다른 스트레스가 될 수 있으니까요. 행동의 변화가 그렇게 빠르게 되진 않거든요. 마음 편하게 느긋하게 생각하세요.

▷ **자해위기에 처한 사람**: 네. 감사합니다.

제시한 사례의 경우, ○○○의 자해 행동의 기능은 정서조절을 하기 위한 것으로 볼 수 있고 자기처벌의 기능도 있다. 위험성 수준은 중간 정도이지만 보호요인이 다수 있고, 변화하려는 의지가 있기 때문에 초기 개입에서 되도록 정서조절 측면에 대한 개입을 하고 방법들을 구체적으로 목록화 하고 실시해보는 것이 유용할 수 있다. 그러나 자해위기에 처한 사람에게 지나친 기대를 하게 하거나 위기개입자가 지나친 관심과 응원을 표현하는 것은 실제적으로 도움이 되지 않는다. 만약 계획에 실패해도 그럴 수 있다고 타당화 시켜주면서 자신감을 가질 수 있도록 지지해주는 것이 필요하다. 그렇지 않으면, 위기개입자에게 실망을 줄 것 같고 그런 자신이 싫어서 개입에 참여하지 않을 가능성이 높기 때문이다. 또한, 자해의 특성상 당장 행동의 변화를 가지고 오지 않고 반복되기 쉬운 행동이어서 개입 후 정기적인 확인과 관심을 제공하고 대안을 다시 한 번 수정할 수 있도록 해야 한다.

SAFER-R MODEL을 활용한 비자살 자해 위기개입의 실제

15살 ○○는 중학교에 다니고 있다. 친한 친구 □□와는 말을 잘하지만 대부분은 조용하게 있는 편이다. 학년이 바뀌면서 □□와 다른 반이 되었고 지금은 같은 반 아이들과는 친하지 않지만 관계가 나쁘지도 않고 그저 그렇다. 처음에는 서먹하다고만 느꼈는데 점점 같은 반 아이들과 멀어지고 혼자라는 느낌이 든다. 이동수업을 할 때도 ○○는 혼자 이동하는 날이 많고 친한 아이들끼리 짝지어 가는 모습을 보면 부럽기도 하고 화가 난다.

대학생인 언니는 주말이 돼야 집에 오고 부모님은 맞벌이를 하시기 때문에 혼자 있는 시간이 많다. 부모님은 ○○가 스스로 잘 알아서 하기를 바라신다. ○○가 혼자 뭐하고 있었는지 학원은 갔다 왔는지는 묻지도 않으면서, 언니가 오면 무척 반가워하고 좋아하신다. 언니가 좋아하는 음식을 만들어 주고 이야기도 많이 나누신다.

○○에게는 무관심하면서 언니만 좋아하는 것 같아 짜증이 난다. 자신이 외톨이 같다는 생각이 자주 든다.

며칠 전 학원 숙제를 하려고 책상에 앉았는데 연필꽂이에 있는 커터칼이 눈에 띄었다. 친구들이 SNS상에서 너도 나도 손목을 그은 사진을 올린 것들을 봐왔던 터라 호기심이 생겼다. 손목보다 조금 위쪽을 그어봤는데 다른 생각이 안 들고 좋았다. 뭔가 시원한 느낌이 들기도 하고 기분이 안정되는 것을 느꼈다. 그 후 친구들과 어울리지 못하고 혼자 있을 때, 아니면 집에 혼자 있는 시간에 커터칼로 손목을 반복적으로 긋게 되었다. 가끔은 피가 나기도 했다. 상처도 남게 되자 자신이 큰 잘못을 저지른 것 같고 위축되었지만 손목을 긋는 것에 대한 유혹을 떨치기가 쉽지 않았다. 하루는 너무 심하게 긋는 바람에 피가 쉽게 그치지 않는 것을 언니가 발견하게 되었고, 부모에게 알리게 되면서 학교 담임선생님에게 알리고 상담선생님이 집으로 위기개입을 하러 가게 되었다.

▶ **위기개입자:** 나는 위클래스 상담사 ○○○이야. 내가 집으로 와서 놀라진 않았니? 편안하게 이야기하면 좋겠는데.

▷ **자해위기에 처한 사람:** 아, 네. 괜찮아요.

▶ **위기개입자:** 그래, 손에 난 상처는 어떠니? 피가 많이 났다고 하던데.

▷ **자해위기에 처한 사람:** 병원 다녀와서 괜찮아요.

▶ **위기개입자:** 그래, 다행이구나. 지금부터는 ○○의 이야기를 좀 들었으면 해. 편하게 하고 싶은 이야기를 하면 어떨까 싶어. 괜찮을까?

▷ **자해위기에 처한 사람:** 네….

▶ **위기개입자:** 최근에 ○○가 힘든 일이 있었니? 구체적으로 무슨 일이 있었는지 이야기해줄 수 있겠니?

▷ **자해위기에 처한 사람:** 네. 중2가 되면서 아이들이 저를 카톡에서도

빼고 왕따를 시키는 것 같았어요. 근데 이제 막 대놓고 해요. 너무 힘든데, 누구와도 말할 사람이 없어요. 언니는 주말에만 오고 엄마는 바쁘고…. 친했던 □□이도 이제 날 피해요. 나랑 이야기하면 자기도 왕따 당할까 봐 그러는 것 같아요. 왜 그러는지 정말 답답하고 짜증 나요.

▶ **위기개입자:** 진짜 답답하겠구나. 슬프기도 하고. 그러면 막 외롭고 짜증날 때 자해를 하게 되는 거니?

▷ **자해위기에 처한 사람:** 네. 얼마 전에 애들이 하는 것처럼 커터칼로 긁어봤는데 이상하게 시원한 느낌이 들더라구요. 그 긴장감도 그렇고…. 막 짜증나고 우울할 때마다 자주 하게 되었어요.

▶ **위기개입자:** 그랬구나. 너무 짜증나고 우울하거나 답답할 때 그러는구나. 자해를 중2에 처음 시작한 거고, 최근에는 얼마나 자주 하니?

▷ **자해위기에 처한 사람:** 요즘은 일주일에 두세 번?

▶ **위기개입자:** 다른 방법으로 자해를 해본 적이 있니?

▷ **자해위기에 처한 사람:** 아니요.

▶ **위기개입자:** 자해를 하면서 자살생각은 해본 적이 있니?

▷ **자해위기에 처한 사람:** 아니요, 자살 생각은 안 해봤어요.

▶ **위기개입자:** 응. 그럼, 자해를 하면서 일상생활에 불편함을 느낀 적이 있니? 공부할 때 집중이 잘 안 된다거나 해야 할 일을 못한다거나 하는 거 말이야.

▷ **자해위기에 처한 사람:** 성적이 많이 떨어지긴 했어요. 집중이 안 되기도 하고, 최근엔 집에만 있는데, 아무도 없으니까 많이 외롭기도 하고, 답답하기도 하고….

▶ **위기개입자:** 그렇겠다. 혼자 있고 학교에서 그런 일이 있는데, 누군가와 이야기할 사람도 없고 그치? 그렇다면 ○○이는 누구와 이야기를 나누면 좀 나아질 것 같아?

▷ **자해위기에 처한 사람:** 음…. 언니나 엄마요. 친구들과 이야기하면 좋겠지만 지금은 아니에요. 남자친구라도 있으면 좋겠어요.

▶ **위기개입자:** ○○이는 진심으로 ○○의 마음을 이해해주고 이야기를 누군가가 들어줬으면 하는 거구나. 그래. 언니나 엄마와도 의논해보고 학교에서 선생님하고 일주일에 한두 번씩 이야기를 나눠보는 건 어떨까?

▷ **자해위기에 처한 사람:** 네. 좋아요.

▶ **위기개입자:** 만약 자해충동이 일어날 때 통제가 가능하기도 하거든. 어떤 생각이나 어떤 행동을 했을 때 잠깐 참을 수 있었던 적이 있니?

▷ **자해위기에 처한 사람:** 방탄소년단 노래를 듣거나 뮤직비디오 보는 거요. 노래를 따라 부르다보면 좀 나아지기는 해요.

▶ **위기개입자:** 아, 그거 좋은데. 충분히 ○○이가 할 수 있는 거네. 그치?

▷ **자해위기에 처한 사람:** 네.

▶ **위기개입자:** 그래, 그리고 또 답답하거나 짜증 날 때 할 수 있는 것들이 뭘까? 자해를 하는 거 말고.

▷ **자해위기에 처한 사람:** 매운 걸 먹는 거요. 떡볶이 같은 거요. 제가 잘 만들어요.

▶ **위기개입자:** 그거 너무 좋은 방법이다. 자해는 그 순간만 잘 넘기면 그냥 넘어가기도 하거든. 이제부터 자해충동이 있을 때 어떤 방법으로 그 순간을 넘길 수 있는지 더 다양한 방법을 만들어볼 수 있을 것 같아. 어때?

▷ **자해위기에 처한 사람:** 네. 해볼게요.

▶ **위기개입자:** 긴 시간은 아니었지만 처음 선생님 만났을 때와 비교해서 지금 기분은 어떠니? 기분이 좋을 때를 1, 기분이 나쁠 때를 10이라고 할 때 지금의 기분은 어떻게 되니?

▷ **자해위기에 처한 사람:** 처음엔 막 짜증나고 그랬던 게 8정도였는데, 지금은 2도 안 되는 것 같아요.

▶ **위기개입자:** 그래? 다행이네. 앞으로도 뭔가 짜증나거나 우울하고 답답할 때는 누군가의 도움을 받을 수도 있고, 아까 말한 방법들을 해보면 어떨까? ○○은 잘 할 수 있을 것 같은데. 선생님은 언제든 도움을 청하면 ○○의 이야기를 들어줄 수 있어. 처음부터 잘되진 않을 수 있지만 자해횟수를 점차 줄여볼 수는 있을 거야.

▷ **자해위기에 처한 사람:** 네. 그렇게 해볼게요.

위의 사례에서 ○○의 자해행동의 기능은 관심기능과 정서조절의 기능을 함께 가지고 있는 것으로 평가할 수 있다. 위기개입자는 혼자 생활하고 외로움을 많이 느끼는 ○○의 마음을 잘 읽어주는 것이 우선되어야 한다. 또한 ○○은 대안을 만드는 것에 미숙하고 방법을 잘 모르기 때문에 위기개입 과정에서 대안을 만들고 실시할 수 있도록 지지해주는 역할이 중요할 수 있다. 위험성은 낮은 단계이긴 하지만 아직은 미성년자이기 때문에 위기개입자는 부모 및 가족 모두와 면담을 실시하여 개입방법과 적절한 관심 및 지지를 제공할 수 있도록 교육하는 것 또한 필요할 것으로 보인다.

SAFER－R MODEL에서는 추수개입 과정이 포함되어 있지 않지만, 자해의 특성상 당장 행동의 변화를 가지고 오지 않는 특성으로 반복되기 쉬운 행동이어서, 개입 후 정기적인 확인과 관심을 제공하고 대안을 다시 한 번 평가하고 수정할 수 있어야 한다. 다시 말하면 SAFER－R MODEL은 기본적으로 위기개입에서의 초기개입에 적용 가능하고 위험성수준의 분류에 따라 적절한 서비스가 이루어지도록 하는 것을 일차적인 목표로 하며, 이러한 개입의 제공은 물론 추수개입까지 이루어질 수 있도록 해야 한다.

저자 소개

육성필

고려대학교에서 심리학 석사를 마치고, 서울대학교병원 정신과에서 임상심리학 레지던트과정을 수료한 뒤 고려대학교에서 심리학박사를 받았다. 미국 로체스터대학교의 자살예방연구소에서 펠로우과정을 하였다. 서울상담심리대학원대학교 교수로 재직 중이다.

조윤정

서울상담심리대학원대학교(구 용문상담심리대학원대학교) 위기관리전공석사를 졸업한 후 동대학원대학교의 위기관리전공 박사를 받았다. 현재 수원시장애인가족지원센터 부설 장애인가족심리연구소 소장으로 근무하고 있다.

임영진

서울상담심리대학원대학교(구 용문상담심리대학원대학교) 위기관리전공 석사를 졸업한 후 동대학원대학교의 위기관리전공 박사를 수료하였으며 현재 수원시장애인가족지원센터의 상담사로 근무하고 있다.

지성미

서울상담심리대학원대학교(구 용문상담심리대학원대학교) 위기관리전공 석사를 졸업하였다. 국제 응용행동분석전문가(BCBA: Board Certified Behavior Analyst)로서 활발한 활동을 하고 있다.

위기관리총서 시리즈9 – 현장에서의 위기개입매뉴얼

비자살적 자해의 이해와 개입

초판발행 2022년 6월 30일

지은이 육성필·조윤정·임영진·지성미
펴낸이 노 현

편 집 이아름
표지디자인 이영경
제 작 고철민·조영환

펴낸곳 ㈜ 피와이메이트
서울특별시 금천구 가산디지털2로 53, 210호(가산동, 한라시그마밸리)
등록 2014. 2. 12. 제2018-000080호
전 화 02)733-6771
f a x 02)736-4818
e-mail pys@pybook.co.kr
homepage www.pybook.co.kr
ISBN 979-11-6519-287-7 94370
979-11-6519-312-6 (세트)

정 가 8,000원